This book Belongs To:

____

Published by

ISHAK BENSALAMA

Alphabet

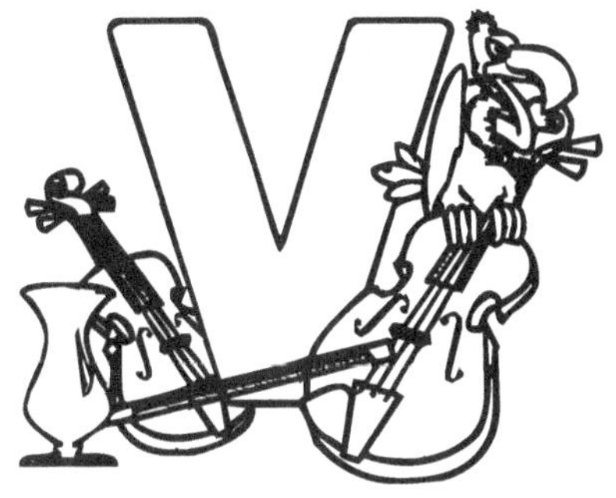

Numbers

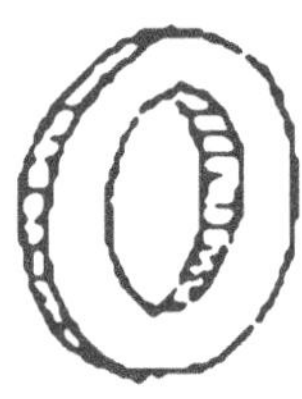

4

5

6

7

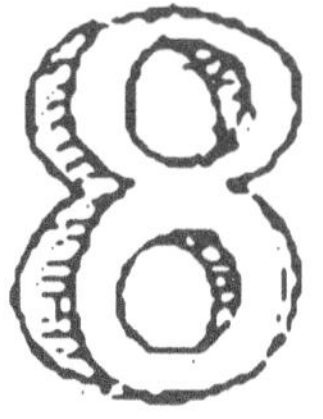

The Days

MONDAY

TUESDAY

WEDNESDAY

THURSDAY

FRIDAY

SATURDAY

SUNDAY

January

February

March

April

May

June

July

August

September

October

November

December

Practice Letter

A A A

a a a a a

A a

A, **B**, C, D, E, F, G, H, I, J, K, L, M, N, O, P, Q, R, S, T, U, V, W, X, Y, Z.

B B B

b b b b b

B b

A, B, C, D, E, F, G, H, I, J, K, L, M, N, O, P, Q, R, S, T, U, V, W, X, Y, Z.

B B

b b b b

B b

A, **B**, C, D, E, F, G, H, I, J, K, L, M, N, O, P, Q, R, S, T, U, V, W, X, Y, Z.

B B B

b b b b b

B b

A, B, C, D, E, F, G, H, I, J, K, L, M, N, O, P, Q, R, S, T, U, V, W, X, Y, Z.

C C

C c

C c

A, B, **C**, D, E, F, G, H, I, J, K, L, M, N, O, P, Q, R, S, T, U, V, W, X, Y, Z.

C C C C

c c c c c c

C c

A, B, C, D, E, F, G, H, I, J, K, L, M, N, O, P, Q, R, S, T, U, V, W, X, Y, Z.

A, B, C, **D**, E, F, G, H, I, J, K, L, M, N, O, P, Q, R, S, T, U, V, W, X, Y, Z.

D D D D

d d d d d

D d

D D

d d d d

D d

A, B, C, **D**, E, F, G, H, I, J, K, L, M, N, O, P, Q, R, S, T, U, V, W, X, Y, Z.

D

d

Dd

A, B, C, D, **E**, F, G, H, I, J, K, L, M, N, O, P, Q, R, S, T, U, V, W, X, Y, Z.

E E

e e e e

E e

A, B, C, D, E, F, G, H, I, J, K, L, M, N, O, P, Q, R, S, T, U, V, W, X, Y, Z.
F F F F F
f f f f f
F f

G G

g g g

G g

A, B, C, D, E, F, **G**, H, I, J, K, L, M, N, O, P, Q, R, S, T, U, V, W, X, Y, Z.

G

g

G g

G G

g g g g

G g

A, B, C, D, E, F, G, **H**, I, J, K, L, M, N, O, P, Q, R, S, T, U, V, W, X, Y, Z.

H

h

H h

A, B, C, D, E, F, G, **H**, I, J, K, L, M, N, O, P, Q, R, S, T, U, V, W, X, Y, Z.

H

h

H h

A, B, C, D, E, F, G, H, I, J, K, L, M, N, O, P, Q, R, S, T, U, V, W, X, Y, Z.

A, B, C, D, E, F, G, H, I, J, K, L, M, N, O, P, Q, R, S, T, U, V, W, X, Y, Z.

J J J J J

j j j j j

J j

A, B, C, D, E, F, G, H, I, **J**, K, L, M, N, O, P, Q, R, S, T, U, V, W, X, Y, Z.

J J J J

j j j j j

J j

K K

k k k

K k

K K K

k k k

K k

A, B, C, D, E, F, G, H, I, J, K, **L**, M, N, O, P, Q, R, S, T, U, V, W, X, Y, Z.

L l

M M

m m m m m

M m

A, B, C, D, E, F, G, H, I, J, K, L, **M**, N, O, P, Q, R, S, T, U, V, W, X, Y, Z.

M M M M

m m m m m

M m

M M

m m m m

Mm

A, B, C, D, E, F, G, H, I, J, K, L, M, N, O, P, Q, R, S, T, U, V, W, X, Y, Z.

P P P P

p p p p p

P p

A, B, C, D, E, F, G, H, I, J, K, L, M, N, O, **P**, Q, R, S, T, U, V, W, X, Y, Z.

P P

p p p

P p

P P P

p p p p p

P p

Q Q

q q q

Q q

Q Q Q

q q q q q

Q q

Q Q

q q q

Q q

A, B, C, D, E, F, G, H, I, J, K, L, M, N, O, P, Q, R, S, T, U, V, W, X, Y, Z.

R R R R

r r r r

R r

S S

S S S S

S s

S S S

S S S S S

S s

S S

s s s s

S s

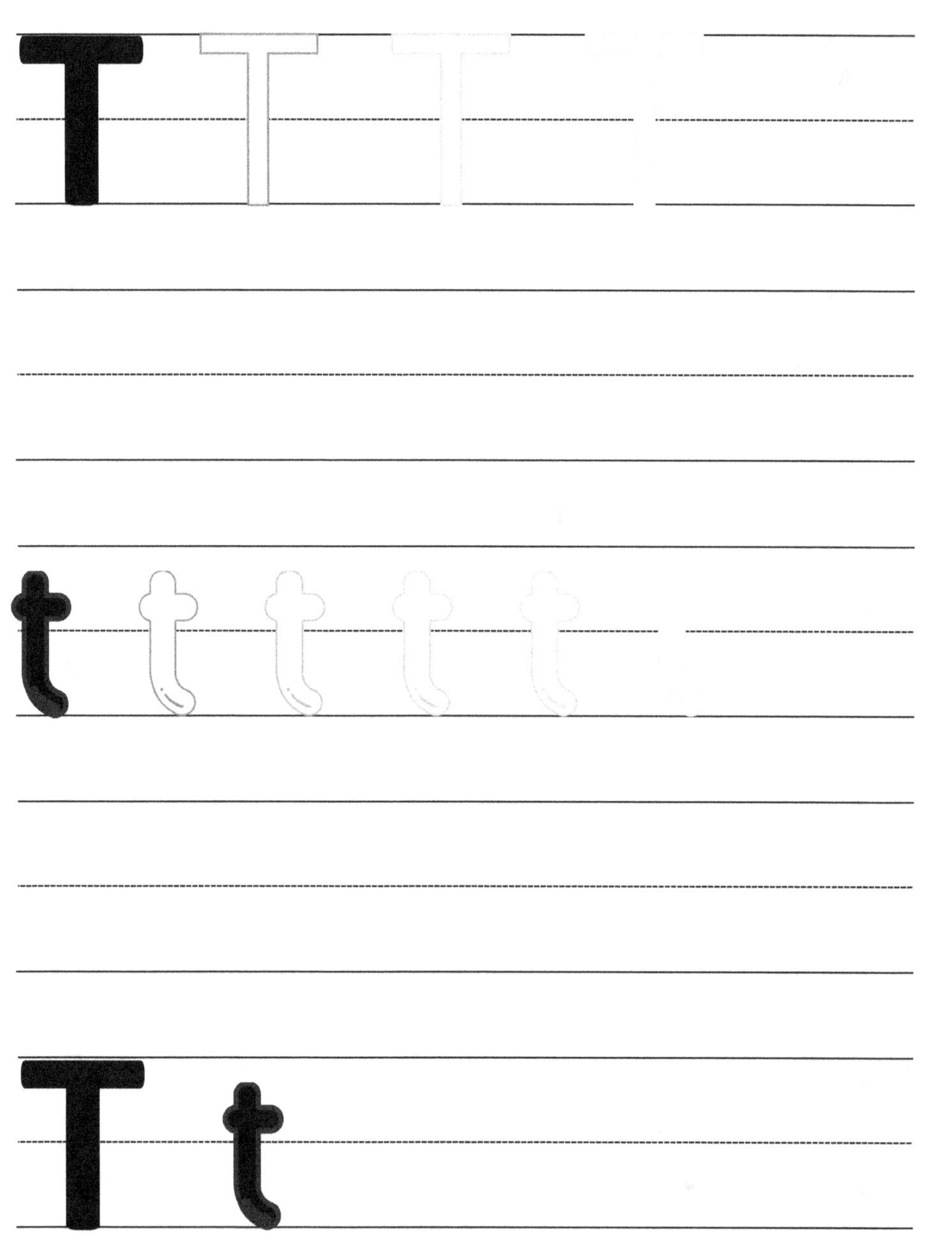

A, B, C, D, E, F, G, H, I, J, K, L, M, N, O, P, Q, R, S, T, U, V, W, X, Y, Z.

A, B, C, D, E, F, G, H, I, J, K, L, M, N, O, P, Q, R, S, T, **U**, V, W, X, Y, Z.

U U U

u u u u u

U u

A, B, C, D, E, F, G, H, I, J, K, L, M, N, O, P, Q, R, S, T, U, V, W, X, Y, Z.

U U

U U U U

U U

V V V

v v v v v

V v

W w

W

W w

A, B, C, D, E, F, G, H, I, J, K, L, M, N, O, P, Q, R, S, T, U, V, W, X, Y, Z.

Y Y

y y y

Y y

Y Y Y Y

y y y y y

Y y

A, B, C, D, E, F, G, H, I, J, K, L, M, N, O, P, Q, R, S, T, U, V, W, X, Y, z.

Y Y

y y y

Y y

Z Z Z Z

Z Z Z Z Z

Z z

A, B, C, D, E, F, G, H, I, J, K, L, M, N, O, P, Q, R, S, T, U, V, W, X, Y, Z.

Z Z

Z z z z

Z z

A, B, C, D, E, F, G, H, I, J, K, L, M, N, O, P, Q, R, S, T, U, V, W, X, Y, Z.

Z Z Z

z z z z z

Z z

www.ingramcontent.com/pod-product-compliance
Lightning Source LLC
Chambersburg PA
CBHW050647250726
48662CB00002B/537